1. Auflage 2001

Text: Martin Huber, Rohrmoos-Schladming · Gunda Kerndl, Salzburg
Gestaltung: EISL&FRIENDS, St. Gilgen
Druck: Wallig, Ennstaler Druckerei, Gröbming
Verlag: EISL&FRIENDS, Werbeagentur u. Verlags GmbH, A-5340 St. Gilgen · www.eisl.co.at

ISBN: 3-9501524-0-7

Afghanistan

Das verbotene Land

erlebt von Helmut Pichler

Wenn du sagst "Ich bin"
und ich sage "Ich bin",
werden wir beide nicht sein.
Wenn du sagst "Du bist"
und ich sage "Du bist"
werden wir beide sein.
(Afghanisches Sprichwort)

Vorwort

Im „wilden Gosauer", wie Helmut Pichler freundschaftlich tituliert wird, vermengt sich angeborene Naturliebe und Heimatverbundenheit mit einer „Überdosis" an Abenteuerlust und Erkundungsdrang. So erscheint er uns als einer der kuriosesten Weltenbummler unserer Tage.

Allein in der Anzahl der von ihm durchstreiften Länder und Staaten erreicht er längst Rekorde. Mehr noch berührt uns sein unverfrorener Umgang mit Land und Leuten ferner Alltagskulturen.
Auf durchwegs beängstigenden Pfaden scheut der zähe Naturbursch aus dem Salzkammergut weder Tod noch Teufel - wie besessen plagt er Geist und Körper an ihre Leistungsgrenzen.

Seine Abenteuer hält Helmut Pichler mit sensiblem Auge auf phantastischen Fotografien fest - unnachahmlich auch die Art und Weise seiner Reise-Reproduktionen in Wort und Bild.

Im nun vorliegenden Bildband „Afghanistan - Das verbotene Land" können wir seine Erlebnisse impressionshaft nachvollziehen und scheinen selbst in eine phantastische Reise versetzt zu werden.

Möge seine Abenteuerlust nie versiegen, Gesundheit und Kraft sollen ihn dabei begleiten!

Ein außergewöhnliches Werk, gestaltet von einem außergewöhnlichen Menschen!

Philipp Meikl

Philipp Meikl, ORF Radio Salzburg

Inhalt

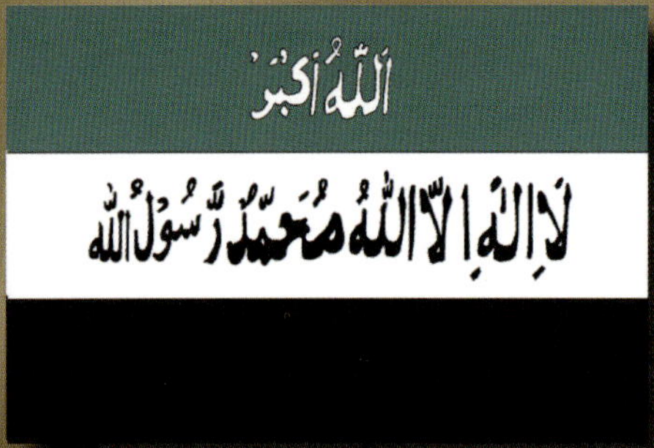

Nationalflagge der afghanischen Taliban

Ein- und Ausreisestempel Afghanistan

Die große Frage: "Wohin?"

Im Winter 1996/97 stehe ich plötzlich ohne Arbeit da. Das ist nicht angenehm. Eigentlich wollte ich auf einem Forschungsschiff arbeiten, doch leider wurde aus diesem Vorhaben nichts. Ich bin ziemlich enttäuscht, versuche aber das Positive in dieser Situation zu sehen: "Nun habe ich Zeit. Zeit für eine neue Reise, Zeit für ein neues Abenteuer!" Die große Frage ist nur: "Wohin?" Stundenlang stöbere ich in Buchhandlungen, schaue mir zu Hause Landkarten an, studiere Reisebeschreibungen.

"Asien reizt mich schon sehr. Vielleicht sollte ich den Süden des Kontinents von Osten nach Westen durchqueren? Auf diese Weise könnte ich beinahe alle Staaten dieses Erdteils kennen lernen", sind meine Überlegungen. In meinem Hinterkopf tauchen immer wieder Gedanken auf, mit denen ich schon seit einiger Zeit spiele: "Werde ich es schaffen, mir den Traum einer Reise durch Afghanistan erfüllen zu können?" Die Chancen für mein Vorhaben stehen denkbar schlecht. Für Afghanistan gilt zu diesem Zeitpunkt ein totales Einreiseverbot.

Doch der Reiz, den dieses geheimnisvolle Land auf mich ausübt, wird durch diese Tatsache nur noch verstärkt. Im Jänner 1997 reise ich los und entscheide mich für die Asien-Durchquerung von Osten nach Westen.
Mit Rucksack und Fotoausrüstung stehe ich am Mekongfluss im Süden von Laos. In meinem Gepäck befindet sich auch der Reiseführer "Lonely Planet, Travel Survival Kit: Asien", das Buch für Alleinreisende. Mit Hilfe dieses Buches plane ich meine Reiseroute. Zusätzlich folge ich aber immer wieder auch meinem Gefühl und wende mich dorthin, wohin mein Instinkt mich führt. Diese Strategie hat sich auf meinen bisherigen Reisen schon mehrfach gut bewährt.

Laos, Burma (Myanmar) und Bangladesh

In Laos und Burma fühle ich mich um 100 Jahre zurückversetzt. Es gibt hier keine Eisenbahn und auch kaum Straßen, sodass man in diesem Land nur sehr wenige Autos zu sehen bekommt. Der Transport wird mit Pferdefuhrwerken oder Schiffen bewerkstelligt. Ich sehe Reisbauern mit Strohhüten auf dem Kopf auf ihren Terrassenfeldern arbeiten und vergoldete Pagoden von weitem in der Sonne glänzen. Im Dschungel höre ich Affen kreischen und rieche den Duft herrlicher Blumen und blühender Büsche. Diese prachtvolle Exotik, gepaart mit der Ruhe und Ausgeglichenheit der Bevölkerung, beeindruckt mich sehr.

In Laos und Burma leben bunt gekleidete, fröhliche Menschen friedlich nach uralter buddhistischer Tradition. Von einer ganz anderen Seite zeigt sich Bangladesh. Dieses Land ist westlicher, lauter, moderner und viel dichter besiedelt. Es ist aber auch wesentlich ärmer und schmutziger, immer wiederkehrende Überschwemmungskatastrophen tragen viel dazu bei.

Angenehm überrascht bin ich, dass hier viele Bewohner ein verständliches Englisch sprechen. Der Grund dafür liegt in der ehemaligen britischen Kolonisation. Es tut gut, sich wieder einmal mit jemandem ausgiebig unterhalten zu können. Interessant finde ich auch, dass ich - im Gegensatz zu anderen asiatischen Ländern - hier ohne weiteres mit Frauen sprechen und sie fotografieren kann. Einige Bangladeshi fragen mich, wo ich denn herkomme. Wenn ich darauf Österreich, Salzkammergut oder auch Gosau als Antwort erwidere, behaupten sie alle, dass sie das kennen. Dies ist mit Sicherheit nicht der Fall. Sie drücken damit einfach ihre Sehnsucht aus, mit mir in meine Heimat zu reisen, um dem trostlosen Elend in ihrem Land zu entkommen.

Für den ganz großen Teil der Bangladeshi wird eine Flucht ins Ausland ein unerfüllter Traum bleiben. "Doch was wird aus meinem Traum von Afghanistan? Wird er zur Realität, komme ich in das gefährliche, geheimnisvolle Land hinein? Und danach auch wieder heil heraus?" Das sind die Fragen, die mich zwischendurch auf meiner Reise durch Laos, Burma und Bangladesh immer wieder beschäftigen.

Frauen in Bangladesh

Shwedagon-Pagode in Yangon, Burma

Mönche in Burma

Verkehrschaos in Dakha, Bangladesh

Extreme Gegensätze in Indien

Ich lasse Bangladesh hinter mir und reise nach Indien. Dieses riesige Land mit der gigantischen Einwohnerzahl von mehr als einer Milliarde Menschen ist ein Land der extremen Gegensätze: Einerseits gibt es besonders trockene Wüsten, wie beispielsweise die Wüste Thar im Westen des Staates. Andererseits findet man in Indien aber auch Gegenden mit hohen Niederschlagsmengen, die an jene in meiner Heimat Gosau herankommen. Hier existiert üppige Blütenpracht mit betörendem Duft ebenso wie unvorstellbarer Dreck und widerlicher Gestank. Tierkadaver schwimmen im heiligen Fluss Ganges direkt an Menschen vorbei, die sich dort selbst oder ihre Wäsche waschen.

Herrliche Paläste stehen neben primitivsten Behausungen aus Kartons und Plastikplanen, die sich eigentlich nicht einmal die Bezeichnung "Hütte" verdienen. Menschen sterben unbeachtet auf der Straße, für andere Menschen wiederum werden kostbare Grabmäler errichtet. Das bekannteste ist das Taj Mahal, das für die Lieblingsfrau von Shah Jahan, Mumtaz-i-Mahal, errichtet wurde. Sie starb bei der Geburt ihres 14. Kindes. Kaum zu verstehen ist für mich dieser Gegensatz: Während Kinder niedriger Kasten härteste Arbeit leisten müssen und trotzdem hungern, werden in manchen Tempeln Ratten als heilige Tiere verehrt und regelmäßig gefüttert.

Ich erlebe in Indien zahlreiche Betrügereien und Diebstähle, stoße aber auch auf unglaublich warme Herzlichkeit und aufopfernde Hilfsbereitschaft: Das Wirken der Nonnen rund um Mutter Teresa beeindruckt mich sehr, ich zolle ihnen meinen allerhöchsten Respekt. Das persönliche Kennenlernen von Mutter Teresa und den Wortwechsel mit dieser außergewöhnlichen Persönlichkeit erlebe ich als einen der kostbarsten Höhepunkte auf meinen bisherigen Reisen.

Mutter Teresa, Kalkutta, Indien

Frauen in Varenasi am Ganges, Indien

Taj-Mahal in Agra, Indien

Im Himalaya

Nach zwei Monaten in Indien beantrage ich ein Visum für Nepal und fahre nach Katmandu.
In Nepal, das kaum doppelt so groß wie Österreich ist, stehen neun der zehn höchsten Berge der Welt. Diese ziehen Jahr für Jahr viele Touristen an. Zum Glück bin ich in der Nebensaison unterwegs und kann die erhabene Stille der imponierenden Bergwelt ungestört genießen. Die Nepalesen verdienen sich ihren Lebensunterhalt zum Großteil als Sherpas mit dem Schleppen von riesigen Lasten. Ich lerne sie als sehr freundliche, gerechte Menschen kennen. Korrekt, umgänglich und auch humorvoll.

In Tibet muss ich wie alle Touristen an einer organisierten Tour teilnehmen. Sie führt mich von der Grenze bis nach Lhasa. Für harte Dollars bekomme ich aber doch ein Visum, mit dem ich alleine weiterreisen kann. Damit ist es mir möglich, drei Wochen auf eigene Faust unterwegs zu sein. Nun kann ich mir ein ungefiltertes Bild von der Zerstörung der tibetischen Kultur durch die Chinesen machen.

Einige Tage bin ich mit einem Yak im Gebirge unterwegs, durchstreife das ursprüngliche Tibet und treffe auf zahlreiche Nomaden. Manche Klöster in Tibet werden jetzt von den Invasoren mit großem finanziellen Aufwand wieder aufgebaut. Doch der Schaden und das Leid, welches der Bevölkerung in diesem Land zugefügt wurde, können durch Geld nicht mehr gutgemacht werden.

1959 fielen chinesische Soldaten ein und hunderttausende Menschen - mit ihnen der Dalai Lama - mussten die Flucht ergreifen. Und noch heute werden die Bewohner Tibets von ihren Besetzern unterdrückt.

Frau in Nepal

Meditierender Buddhist mit Gebetsmühle, Tibet

Nomaden im Hochland von Tibet

Mit dem Yak durch Tibet

Potala-Kloster in Lhasa, Tibet

Vier Weltrekorde in China und Pakistan

Meine Reiseroute führt weiter in den westlichen Teil Chinas. Hier liegt die Tufan-Ebene, die mit minus 154 Metern Seehöhe das zweitniedrigste Gebiet der Erde ist. Auf unglaubliche Vielfalt stoße ich am Markt von Kashgar. Dort treffen sich Woche für Woche 120.000 Menschen zum größten Freiluftmarkt der Welt. Der erste Weltrekord! Da ich schon in der Gegend bin, plane ich auch einen Besuch der 6.250km langen Chinesischen Mauer ein. Sie ist das längste Bauwerk auf unserem Planeten. Der zweite Weltrekord! Hier beschäftige ich mich intensiv mit der Frage: "Soll ich über Russland heim- oder doch weiter in den Süden, nach Pakistan reisen und von dort aus versuchen, über die afghanische Grenze zu kommen?" Obwohl die transsibirische Eisenbahn die längste ihrer Art ist, reizt mich eine Zugfahrt nicht sonderlich. Außer endlosen Steppen würde ich dort nicht viel zu sehen bekommen. Also beschließe ich, weiterhin meinem Traum einer Reise nach Afghanistan zu folgen.

Zuerste überquere ich den Khunjerab-Pass nach Pakistan. Ich treffe auf den vermutlich fleißigsten Vater der Welt. Der faltige Mann mit den strahlenden Augen hat 85 Kinder mit 14 Frauen. Wahrscheinlich der dritte Weltrekord! Man kann sich vorstellen, dass es ihm kaum möglich ist, seine Großfamilie zu ernähren. Wahrscheinlich sind seine Frauen und Kinder daher mindestens ebenso fleißig wie er selbst.....

Die Lebensumstände im pakistanischen Gebirge bieten einen Vorgeschmack auf Afghanistan. Hier ernähren sich die Bewohner mehr schlecht als recht durch primitivsten Ackerbau und Kleinviehzucht (Schafe, Ziegen und Hühner). Die wenigen landwirtschaftlich genutzten Flächen müssen mühsamst mit Wasser aus den Gebirgsflüssen bewässert werden, damit das Land halbwegs fruchtbar wird. Zum besonderen Blickfang werden die vorbeifahrenden Lastautos. Sie sind die am aufwändigsten geschmückten, buntesten und schönsten der Welt. Weltrekord Nummer vier!

Als Beifahrer eines solchen fahrenden Schmuckstückes gelange ich schließlich nach Quetta.

Auf der Chinesischen Mauer

Wüste bei Tufan, China, 150m unter dem Meeresspiegel

Markttag in Kashgar, China

Eseltransport im Himalaya, Pakistan

Volk der Kalash, Pakistan

Prachtvoller Lastkraftwagen in Islamabad, Pakistan

Sherpa, Pakistan

Weltrekord-Vater in pakistanischem Gebirgsdorf - 85 Kinder mit 14 Frauen

Mit einem Trick über die Grenze

Schon seit jeher fasziniert mich das Land Afghanistan und übt auf mein Innerstes einen unbeschreiblichen Reiz aus. Es zieht mich genauso an wie der K2 oder ein anderer Achttausender einen Extrembergsteiger.

Die Einreise nach Afghanistan ist für Ausländer normalerweise strengstens verboten. Ich greife daher auf einen Trick zurück, den mir ein Amerikaner verraten hat. So gebe ich mich einfach als Journalist aus und behaupte, dass ich meine Papiere verloren habe. Stundenlang verhandle ich an der Grenzstation von Quetta mit drei verwegen aussehenden Taliban.

Die Verhandlungen gestalten sich zäh und schwierig, doch schließlich schaffe ich es. Ich halte eine "Einreisegenehmigung" in Händen, einen Zettel mit ein paar Schriftzeichen darauf. Ausgestattet mit diesem "Ticket" besteige ich einen vollbesetzten Kleinbus. Ursprünglich habe ich die Hauptstadt Kabul als Reiseziel im Visier gehabt, doch dort herrschen zu diesem Zeitpunkt angeblich schwere Kämpfe. Also vertraue ich erneut meinem Instinkt und folge meinem Gefühl.

Erste Begegnung mit den Taliban

Das Land Afghanistan

Afghanistan ist mit 650.000 km^2 rund achtmal so groß wie Österreich, jedoch mit 21 Millionen Einwohnern wesentlich dünner besiedelt. Das Klima ist kontinental. Im Sommer erreichen die Temperaturen bis zu plus 40 Grad Celsius, im Winter können sie auf bis zu minus 25 Grad Celsius fallen. Das Land ist äußerst karg und trocken. Vier Prozent der Bodenfläche können landwirtschaftlich genutzt werden - und das ist auch nur möglich, weil sie mit System regelmäßig bewässert werden. Das Wasser ist frisch und klar und kommt zum Teil aus dem bis zu 7.000 Meter hohen Gebirge im Nordosten des Landes. Im äußersten Norden sowie im Süden und Westen des Landes ist Wüste, in der Nomaden leben. Dort wird in Oasen Landwirtschaft betrieben.

Am höchsten ist die Bevölkerungsdichte in den Städten rund um Kabul. Allerdings sind Familien scharenweise vor den Greueln des langjährigen Krieges geflohen und haben ihre Felder im Stich gelassen. Auch aus diesem Grund ist die Versorgung mit Nahrungsmitteln schlecht und viele Menschen hungern.

Die Industrie war schon vor dem Krieg unterentwickelt: An Bodenschätzen werden Steinkohle, Erdgas, Salz und Lapislazuli gewonnen. Von diesem blauen Edelstein hat Afghanistan das weltweit größte Vorkommen und exportierte schon in der Antike nach Griechenland, Ägypten und Indien. Der afghanische Lapislazuli soll vielen alten Statuen geheimnisvoll leuchtende Augen verliehen haben.

Da es keine Eisenbahn in Afghanistan gibt, wird der Verkehr fast ausschließlich über die Straße abgewickelt. Afghanistan ist ein wichtiges Durchzugsland. Durch seinen Süden und den Westen zieht sich in einem Bogen ein Teil der berühmten "Seidenstraße" von Pakistan bis zum Iran. Diesem geschichtsträchtigen Handelsweg folgt vorerst auch meine Reiseroute.

Kamele als wichtiges Transportmittel

Getrocknete Kamelmist als Brennmaterial

Kamel-Karawane im Süden Afghanistans

Viel Geld - wenig Wert

Nach meiner Einreise brauche ich zunächst dringend afghanisches Geld: Afghani. Ein "Bankinstitut" zu finden ist eigentlich nicht schwierig, obwohl sich afghanische Banken doch wesentlich von denen in meinem Heimatland unterscheiden. Man erkennt eine Bank an den auf einer Munitionskiste aufgestapelten Geldscheinbündeln.

Ich habe jedoch Schwierigkeiten, einen Geldwechsler aufzutreiben, der mir Dollars gegen Afghani eintauscht. Normalerweise kommen hier nur Pakistani über die Grenze und wechseln ihre Rupien um. Zwar habe ich noch pakistanisches Geld bei mir, jedoch gebe ich nicht eher auf, bis ich ein paar Dollars umtauschen kann. Wir verhandeln lange darüber, wieviel ich für 100 Dollar bekommen sollte. Den Umrechnungskurs kenne ich nicht, doch habe ich ein gutes Gefühl, nicht betrogen zu werden. Afghanen sind nämlich trotz ihrer Armut grundehrliche Menschen.

Nach ein paar Stunden erhalte ich für meine Dollars endlich rund fünf Kilogramm Banknoten. Natürlich gibt es dafür keinen Platz in der Geldtasche, auch im Rucksack lässt sich das Papierbündel nur mit Müh und Not verstauen. Ich mache mir Gedanken über die Relation zu unserem Geld: "In Österreich sind 5 Kilogramm Tausender sage und schreibe 5 Millionen Schilling wert, in Afghanistan nur 1.500 Schilling. Was für eine unfassbare Geldentwertung!"

Geldwechsel beim „Bankinstitut"

Bankinstitut

Afghanische Banknoten

Alles zerstört!

1979 brach in Afghanistan der Bürgerkrieg aus, als sowjetische Truppen ins Land einmarschierten. Sie wollten die von ihnen gestützte kommunistische Regierung an der Macht halten. Fanatische radikal-islamische Gruppen antworteten mit bewaffnetem Widerstand. Gesetzlosigkeit und grenzenloses Elend sind bis heute die Folge. Seit 1994 beherrschen die Taliban die politische und militärische Szene. Ihre Frauenfeindlichkeit, der Abbruch internationaler Beziehungen und schwere Menschenrechtsverletzungen prägen den afghanischen Alltag.

Das Ausmaß der Zerstörung durch den Krieg ist unvorstellbar groß. Von den meisten Gebäuden sind nur mehr Ruinen übrig, die Wirtschaft ist völlig am Boden. Fast alle Geschäfte sind geschlossen, kaum jemand hat Geld, um sich etwas zu kaufen. Ich komme an Märkten vorbei, auf denen alle Hütten zugesperrt sind, an Dörfern, die nur mehr aus Steinhaufen bestehen und an Gräberfeldern, die kein Mensch mehr pflegt. Der heiße Wüstenwind fegt darüber, treibt den Sand über Grabhügel und Ruinen. Manche Dörfer sind verlassen und menschenleer: Geisterdörfer.

Ich kann diese Verwüstung kaum fassen, muss jedoch alles so schnell wie möglich verkraften. Wochenlang bin ich in diesem unglaublichen Elend unterwegs. Ich erlebe, wie die Hölle auf Erden aussieht: zerbombt, ruiniert und vermint. Auch die Stromversorgung ist beinahe lahmgelegt. Manchmal gibt es zwar für einige Stunden Strom, meistens muss ich mich jedoch mit dem trüben Licht einer Petroleumlampe zufrieden geben. Ich kann mit niemandem über das Gesehene reden, meine Eindrücke und Gefühle niemandem mitteilen. Es ist enorm schwierig für mich, das alles zu verarbeiten. Doch ich muss es irgendwie wegstecken, damit ich weiterkomme.

Desolate Stromversorgung

Ruine eines Wohnviertels

Stadtleben in Farah

Geschlossene Geschäfte

Krieg ohne Ende

Ein genaues Datum des Kriegsbeginnes in Afghanistan lässt sich nicht festlegen, da seit Jahrzehnten ein Konflikt in den anderen übergeht.

1979 marschierten sowjetische Truppen ein, worauf ein folgenschwerer Bürgerkrieg ausbrach.
Nach dem Abzug der sowjetischen Truppen im Jahr 1989 kämpften verschiedene Parteien um die Macht im Lande.

Eine entscheidende Wende erfolgte im Herbst 1994, seit damals beherrschen die Taliban die politische und militärische Szene. Die Folgen des jahrzehntelangen Konfliktes sind über eine Million Tote und völlig instabile politische und wirtschaftliche Verhältnisse. Auf religiösem Radikalismus basierende Gesetzgebung, der Abbruch internationaler Beziehungen und schwere Menschenrechtsverletzungen prägen heute den afghanischen Alltag.

Ein Ende der Krise ist nicht in Sicht.

Endloser Krieg in Afghanistan: „Mit uns ist Allah"

VON UWE JAUSS, KABUL

Die von den USA vermittelten Friedensgespräche zwischen den Bürgerkriegsparteien Afghanistans sind gescheitert, neue schwere Kämpfe toben zwischen den militanten Taliban-Islamisten und der Nordallianz.

20 Jahre kämpft Osman schon. Solange dauert inzwischen der Krieg. Das kommunistische Regime hatte ihn einst sogar zum General gemacht. Eine Herrlichkeit, die 1992 zu Ende ging: Die roten Herren wichen endgültig ihren erbitterten Feinden, den Freischärlergruppen der Mudschahedin. Seitdem verkauft sich Osman an jeden, der gerade die Hauptstadt Kabul kontrolliert.

Momentan bekommt er seine Befehle von den Taliban. Eigentlich sind die fanatisierten „Koranstudenten" Todfeinde aller Marx-Jünger. Doch Afghanistan hat seine eigenen Gesetze. Und die bringen seltsame Koalitionen zuwege. Für Osman entscheidend: Wer ihm am meisten bietet. „Schließlich will meine Familie versorgt sein", meint er.

Seine Frau lebt mit den vier Kindern irgendwo im halbzerstörten Kabul, das die Taliban um jeden Preis halten wollen. Der Krieg lauert praktisch um die Ecke: Gerade zwölf Kilometer außerhalb der Stadt liegt Osmans Frontabschnitt.

Nun möchte Massud eine Schlappe wettmachen. Rund 20 Monate liegt sie zurück. Damals hatte er nach vier Jahren Kampf Kabul unter dem Druck der Taliban geräumt.

Daß Massud ohne einen Schuß abzog und so den Hauptstädtern eine Schlacht ersparte, wird ihm von vielen hoch angerechnet. Es sind dieselben, die ihn zurücksehnen. Als seine Miliz noch in Kabul stand, konnten Frauen arbeiten. Sie waren auch nicht gezwungen, mit körperverhüllenden Burkas wie wandelnde Zelte auf die Straße zu gehen. Männer brauchten keine Vollbärte zu tragen. Niemand wurde zum Beten in die Moschee geprügelt.

Das alles haben erst die Taliban eingeführt. Ihr neuester Einfall für Kabul: Öffentliche Strafgerichte jeweils nach dem traditionellen Freitagsgebet. Die Schauspiele, meist im Fußballstadion aufgeführt, arten zu Volksfesten aus. 30.000, 40.000 Gaffer kommen, wenn das Blut auf den Rasen spritzt, wenn es wieder einmal gilt, Dieben die Hand zu amputieren, Frauen wegen vorehelichem Geschlechtsverkehr auszupeitschen oder Mörder zum Teufel zu schicken.

Bittere Armut

Kürzlich durften Angehörige von Mordopfern den Delinquenten persönlich die Kehle durchschneiden.

Einst hatten die Versprechungen einen guten Klang gehabt. Frieden, die Entwaffnung aller Milizen und den „wahren Islam" wollten die Taliban durchsetzen, als sie 1994 auf den Schlachtfeldern auftauchten.

Der Legende nach versammelte Mullah Omar am Anfang ehemalige Mudschahedin aus dem Umkreis der Moscheen – Männer, die der Dauerzwist ihrer alten Kameraden abstieß. Andere kamen aus Koranschulen der Flüchtlingslager im Nachbarland Pakistan.

Später, während ihres furiosen Siegeszugs durch den größten Teil Afghanistans, saugten die Taliban alles auf, was eine Waffe tragen konnte. Die nötige Unterstützung – Material, Training – kam von den Pakistani: Für sie sind die „Koranstudenten" ein Werkzeug, um mehr Einfluß am Hindukusch zu bekommen.

Hilfe aus Pakistan

Die Verbindungen sind so eng, daß Islamabad die Taliban als afghanische Regierung anerkennt wie sonst nur die Vereinten Arabischen Emirate und, mit dem Segen der USA, der spendable Gönner Saudi-Arabien.

Auf milde Gaben allein wollen sich die Gotteskrieger jedoch nicht verlassen. Längst haben sie den Drogenhandel entdeckt. Rund um die Stadt Kandahar, Sitz von Mullah Omar, wird Heroin gekocht. Das ist

Folgen des Krieges

Die Folgen des Krieges - depressiv und explosiv

Die UNO hat rund 3,5 Millionen afghanische Flüchtlinge registriert. Zwei Millionen davon leben in Pakistan, rund 1,5 Millionen im Iran. Aber auch im eigenen Land wurden für die aus den Kampfgebieten vertriebenen Menschen viele Lager errichtet. Ich sehe einige davon: Ein paar Zelte mitten in der Wüste! Wie man dort überleben kann, ist mir ein völliges Rätsel. Zum Teil herrscht große Niedergeschlagenheit und Hoffnungslosigkeit in den Flüchtlingslagern.

Erst wenn die Vertriebenen akzeptieren können, dass eine Rückkehr für sie nicht möglich ist, werden sie wieder fähig sein, ein neues Leben anzufangen.

Sehr oft treffe ich voll funktionstüchtige Sprengkörper an, die einfach in der Landschaft herumliegen. Sie sind noch alle scharf, es geht große Gefahr von ihnen aus. In der Nähe von Farah steckt eine Bombe im Boden, die noch nicht explodiert ist. Um Passanten oder spielende Kinder davor zu warnen, sind lediglich drei Steine rot angestrichen.

Und überall präsentieren die Taliban stolz Waffen und Munition, die von den Russen zurückgelassen wurden. Sie haben ganz offensichtlich ihren Spaß daran, mit Waffen ihre Macht zu demonstrieren. Für die Bevölkerung, die unter den Kämpfen und Zerstörungen zu leiden hat, ist die Situation katastrophal.

Flüchtlingslager an der Grenze zum Iran

Munitionslager

Bombe - nicht entschärft

Einschusslöcher

Russische Panzer

Panzer mit „Rohrkrepierer"

Die radikal-islamischen Taliban-Milizen

Für Taliban-Soldaten - behängt mit Patronengurten, als wären es ganz normale Kleidungsstücke - ist Morden etwas Alltägliches, etwas Selbstverständliches. Die meisten von ihnen waren schon oft in schwere Kämpfe verwickelt, in denen es keine Gnade gab. Meist lächeln sie zufrieden, manche ein wenig verschlagen. Barfuß oder mit Plastiksandalen posieren sie für mein Foto.

Nur selten besitzt einer von ihnen die Kostbarkeit normaler Halbschuhe. Die Taliban freuen sich über ihre Gemeinschaft und über ihre Macht, die ihnen mit den Kalaschnikows in die Hand gegeben wird. Sie werden an der afghanisch-pakistanischen Grenze in Koranschulen zu heiligen Kriegern ausgebildet und von Scheich Osama Bin Laden mit genügend Geld unterstützt.

Taliban lieben es, fotografiert zu werden, da dies ihre Wichtigkeit und Größe unterstreicht. Wie passt diese Selbstsicherheit, ja Ausgelassenheit zu den zerschossenen Häusern, zu dem Elend, das rundherum herrscht? Das berührt die Taliban offenbar nicht.

Sie sehen sich voll im Recht: "Wir leben, wie es die Scharia, das Gesetz des Islam, vorschreibt. Wir sind auf dem rechten Pfad." Mit enormem Selbstbewusstsein setzen sie eisern ihre Regeln durch - und oft auch mit einer großen Portion Willkür.

Taliban-Kämpfer

Tausende Minenopfer

Immer wieder begegne ich auf meiner Reise durch Afghanistan Minenopfern. Unwillkürlich frage ich mich: "Womit haben es sich diese Menschen nur verdient, dass sie so entsetzlich verstümmelt wurden?" Schon die Tatsache, in diesem Land geboren zu sein, bedeutet lebenslanges Risiko.

Ständig lauert die Gefahr, in eine Mine zu treten, die den Tod oder - vielleicht noch schlimmer - schreckliche Entstellungen zur Folge haben kann. Traurig, aber wahr: Es sind Tausende, denen ein Bein, beide Beine oder ein Arm abgerissen wurde. Und so gerne sich die Taliban normalerweise fotografieren lassen - dass ich Kriegsopfer ablichte, sehen sie ganz und gar nicht gern.

Jede Stunde wird in Afghanistan ein Mensch durch Minen verletzt oder getötet. Fast ein Drittel der Minenopfer sind Kinder, die es beim Spielen erwischt. Das ist eine schreckliche Tatsache, an der man einfach nicht vorbeikommt. Die UNO bemüht sich, durch Anschlagtafeln oder Schaukästen mit Abbildungen von Tretminen die Leute aufzuklären und zu warnen. Doch es ist ein beinahe aussichtsloser Kampf: Rund zehn Millionen heimtückischer Minen wurden - hauptsächlich von den Russen - in Afghanistan ausgelegt. Beim Anblick der vielen leidgeprüften Menschen wird mir klar, wie gut es uns in Europa in Wahrheit geht.

Trotz des Wohlstandes gibt es jedoch auch bei uns viele unzufriedene und depressive Menschen.
Woran liegt das?

Tee für Minenopfer

Das Leben muss weitergehen

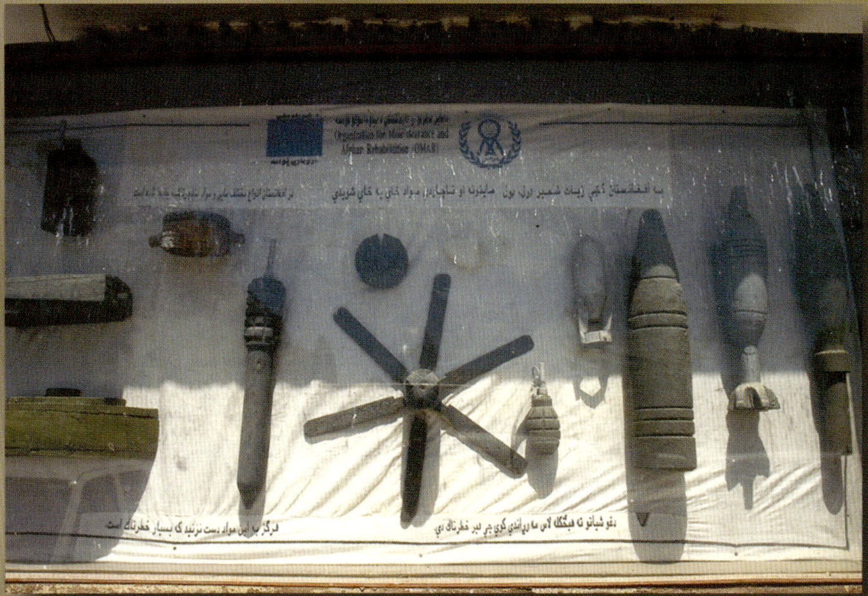

Warnung vor Landminen

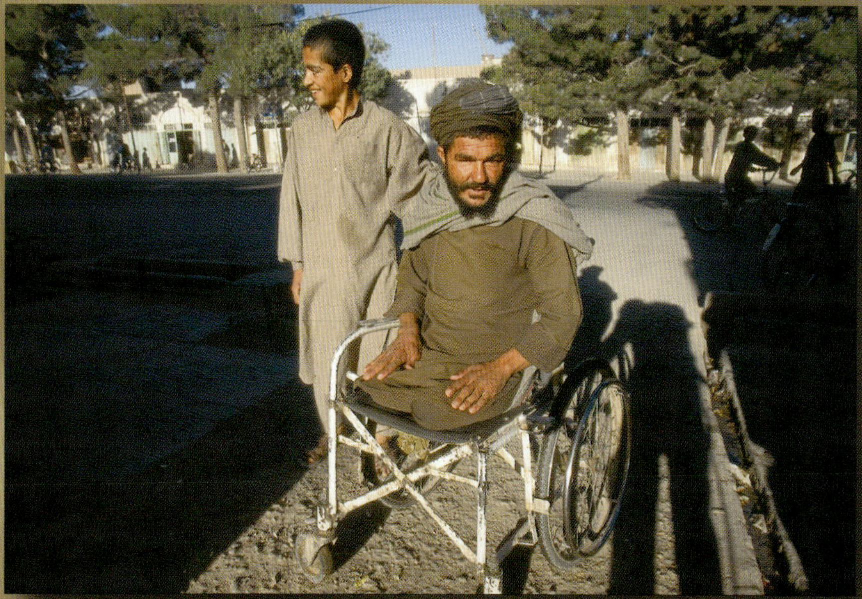

Unvorstellbares Elend

Explosion auf der ersten Etappe

Meine erste Reiseetappe führt mich von der Grenze nach Kandahar. Auf dramatische Art und Weise werden mir die verheerenden Folgen von Minen vor Augen geführt.
Neben der Straße liegen immer wieder tote Kamele, mehr oder weniger stark verwest. Auch sie sind Minenopfer. Einmal beobachte ich abseits der Straße, in rund 200 Metern Entfernung, ein Kamel. Plötzlich kracht es, das Tier sackt zusammen und rührt sich nicht mehr.

Ich bin ziemlich schockiert und hüte mich von nun an, die Straße zu verlassen. Mein Leben ist mir zu wertvoll, als dass ich es durch einen Schritt auf eine Mine aufs Spiel setze.

Für den Kamelbesitzer bedeutet der Verlust eines Tieres gleichzeitig auch eine empfindliche wirtschaftliche Einbuße. Ein Kamel ist in Afghanistan ein Vermögen wert und wird als Tragtier sowie als Nahrungslieferant benötigt. Doch nicht nur Kamele fallen den unzähligen Minen zum Opfer. Auch für Schafe und Ziegen enden Explosionen immer wieder tödlich. Und die Hirten und Nomaden, die mit ihren Tieren über die kargen Weiden ziehen, werden vom Minenunheil ebenso nicht verschont.

Hirten in der verminten Halbwüste

Kandahar in Trümmern

Vor zwei Jahrzehnten war Kandahar eine gepflegte Großstadt mit regem Leben, ein richtiges Handels- und Pilgerzentrum. Als ich nach Kandahar komme, finde ich es in Trümmern liegend vor. Ich bin traurig, diese legendäre Stadt in einem so schlechten Zustand anzutreffen und wünsche mir, 20 Jahre eher hier durchgereist zu sein.

Doch habe ich keine Zeit für Sentimentalitäten. Um weiterreisen zu können, brauche ich dringend eine Landkarte zur Orientierung. Daheim geht man einfach in eine Trafik und kauft sich eine. Hier brauche ich die Hilfe mehrerer Einheimischer, bis ich endlich eine auftreiben kann. Dazu muss ich etliche Geschäfte abklappern. Ein Helfer möchte mich in sein Dorf einladen. Als er aber sieht, welche Scharen von Menschen sich ständig um mich herum ansammeln, zieht er seine Einladung zurück. Er möchte keine Schwierigkeiten mit den Taliban bekommen.

Kandahar war Mitte des 18. Jahrhunderts unter Ahmad Schah Durrani die afghanische Hauptstadt. Derzeit ist die Stadt Regierungssitz der Taliban, deren Anführer im ehemaligen Königspalast residieren. Auch der Präsident verrichtet hier seine Amtsgeschäfte. Er hat jede Menge kleiner handgeschriebener Zettel für Bescheide und Anordnungen auszufüllen. Moderne Datenerfassung per Computer ist im afghanischen Alltag in weiter Ferne. Auch eine Verwaltung mit Ämtern, Büros, Formularen usw. gibt es praktisch nicht.

Die Stadt Kandahar

Von der Menge umringt

Als auf den ersten Blick erkennbarer Ausländer erwecke ich, überall wo ich hinkomme, die Neugierde der Einheimischen. In einem derart überwältigenden Ausmaß wie in Afghanistan habe ich das noch nirgends auf meinen Reisen erlebt.

Wo immer ich auf Menschen treffe, versammeln sich binnen kurzer Zeit an die hundert Männer und Burschen, die mich sehen oder auch berühren wollen. Sie drängen sich, um in meine Nähe zu kommen. Für viele bin ich wohl eine regelrechte Sensation, da seit dem Einmarsch der Russen im Dezember 1979 kaum Ausländer Afghanistan bereisten. Dieses Phänomen begleitet mich durch das ganze Land, überall hängt rasch eine Menschentraube an mir. "So muss sich eine Bienenkönigin in ihrem Schwarm fühlen", denke ich mir manchmal.

Anfangs ist mir dieser Zustand sehr unangenehm. Nirgends habe ich meine Ruhe - egal ob ich Geld wechsle oder Tee trinke, es tummelt sich eine Hundertschaft von Zuschauern um mich. Besonders lästig ist mir das, wenn ich ein "stilles Örtchen" aufsuchen will. Diese gibt es nämlich in Afghanistan nicht. Hier geht man einfach in die Wüste hinaus. Wenn ein Einheimischer draußen sitzt, kümmert das niemanden. Als ich mich jedoch hinhocke, bin ich sofort von einer Menge Neugieriger umringt. Zuerst vergeht mir mein menschliches Bedürfnis. Dann bitte ich ein paar Männer, wenigstens die Kinder abzuhalten. So habe ich etwas mehr Ruhe. Mit der Zeit gewöhne ich mich - so gut es eben geht - an den Zustand des "Niemals-Alleinseins" und ignoriere die Schaulustigen.

Esel mit jungen Afghanen

Verkehrspolizist

Öffentliche Verkehrsmittel

Prachtvolle Moscheen

Sie sind meist die einzigen unbeschädigten Gebäude in einem afghanischen Ort - die Moscheen. Die Zerstörungslawine des Krieges wich ihnen großteils aus.

Die riesengroßen Bauwerke sind aufwändig verziert und beeindruckend gepflegt. Immer wieder bin ich über die Größe, die Ausstrahlung, das Flair der Gotteshäuser erstaunt.

Jedes Mal, wenn ich an einer Moschee vorbeikomme, kann ich die enorme Bedeutung des Glaubens für die Bevölkerung spüren. Während die Menschen Hunger leiden, sind ihre Gebetsstätten in prachtvollstem Zustand. Ich denke, die Moscheen sind ein wichtiger Teil der Seele Afghanistans.

Gerne möchte ich eines der faszinierenden Gebäude von innen bewundern. Doch als Nichtmoslem ist mir der Zutritt verboten. An diese Regel halte ich mich.

Moschee in Herat

"Allah akbar" - "Allah ist der Größte"

Die theokratischen Taliban fühlen sich als Friedensbringer und Stabilisatoren ihres Landes. Auf meiner Reise muss ich mich in jeder Stadt bei ihrem Stützpunkt melden, um wieder einen Schlafplatz zugewiesen und die Genehmigung für die nächste Etappe zu bekommen.

Manchmal sind die Verantwortlichen durch die Situation, plötzlich einen Ausländer vor sich zu haben, völlig überfordert. Sie wundern sich und können es kaum fassen, wieso und wie ich in ihr Land eingereist bin. Oft sind sie äußerst misstrauisch und mich plagt manchmal ein sehr ungutes Gefühl, wenn ich den schwer bewaffneten Milizen gegenüber stehe.

Wenn die Situation prekär zu werden beginnt, spreche ich ein "Allah akbar" - "Allah ist der Größte" oder ein "Taliban akbar" - "Die Taliban sind die Größten". Damit stimme ich sie zumeist sehr friedlich.

Vielfach kann ich beobachten, dass sich die Laune der Taliban rasch bessert, wenn ich ihnen anbiete, sie zu fotografieren. Trotzdem gehören äußerste Vorsicht und Disziplin zu meinen ständigen Reisebegleitern. Daher ist es mir - obwohl ich es von Herzen gerne möchte - nicht möglich, auf eigene Faust Familien oder ein Nomadenlager zu besuchen. Ich muss mich genau an die Anweisungen der Taliban halten.

Also darf ich von der vorgeschriebenen Route nicht abweichen und muss spätestens um 21 Uhr in meinem Quartier sein. Ab diesem Zeitpunkt herrscht Ausgangssperre.

Kontrollposten der Taliban

Barbarische Gesetze - gnadenlos

Die Gesetze der Taliban sind unvergleichlich hart, besonders jene, die Frauen betreffen. Es gibt viele Vorschriften, die kaum durchschaubar sind. Gesetzesverstöße werden sehr oft barbarisch geahndet. Wenn zum Beispiel eine Frau dabei erwischt wird, wie sie ohne Genehmigung ihr Haus verlässt, wird sie öffentlich ausgepeitscht. Wagt sie es gar, sich die Fingernägel zu lackieren, so lautet das Urteil: Abhacken der Daumen. Ein Dieb verliert seine Hände, ein Mörder sein Leben, indem ihm von den Verwandten des Opfers die Gurgel durchgeschnitten wird. Auf Ehebruch und Homosexualität steht die Todesstrafe durch Steinigung.

Die Gesetzeslage ist für die einheimische Bevölkerung keinesfalls einfach, auch ich habe damit stets meine Probleme. Nie bin ich mir sicher, ob ich wohl allen Regeln entspreche. Daher ist jedes Zusammentreffen mit den Taliban immer mit einem unangenehmen Gefühl verbunden. Ich kann kaum erahnen, wie sie gerade aufgelegt sind.

Außerdem weiß ich nicht, ob ich aus ihrer Sicht etwas Verbotenes tue oder sie mich aus einem sonstigen Grund als Feind betrachten. Ständig begleiten mich Gedanken wie: "Passt ihnen meine Kleidung, Frisur, Ausrüstung? Darf ich mich dort, wo ich gerade bin, auch wirklich aufhalten? Sind meine Papiere in Ordnung? Verdächtigen sie mich etwa als Spion?" Ich bin mir nur in einem Punkt ganz sicher: Beinahe jeder meiner Schritte wird von den Taliban-Milizen beobachtet und ich muss ganz genau aufpassen, ihre "Spielregeln" einzuhalten.

Frau hinter Schleier

Frauen ohne Rechte

Die Taliban erklärten die alten Traditionen in Afghanistan zum unumstößlichen Gesetz. Besonders dramatische Auswirkungen hat dies auf die Frauen im Land. Sie müssen eigentlich so tun, als wären sie gar nicht da. Nur ausnahmsweise und mit ausdrücklicher Genehmigung durch einen Mann dürfen sie das Haus verlassen. Dazu ist Vorschrift, dass sie sich von Kopf bis Fuß in ihren Schleier einhüllen, damit nichts von ihnen sichtbar ist. Auch dürfen sie nur weiche Schuhe tragen, damit sie lautlos gehen können. Es ist ihnen strengstens untersagt, mit einem Mann zu plaudern. Sogar beim Einkaufen dürfen sie mit einem Verkäufer nur Worte wechseln, die unbedingt nötig sind. Berufsausübung und Schulbesuch sind für Frauen verboten. Alleinstehende, die früher vielleicht als Lehrerinnen, Ärztinnen oder Juristinnen tätig waren, werden so an den Rand des Verhungerns getrieben, da sie kaum Verdienstmöglichkeiten haben.

Nur Krankenschwestern dürfen noch arbeiten, ansonsten würde nämlich die ohnehin extrem schlechte medizinische Versorgung völlig zusammenbrechen. Es gibt nur ganz wenige Krankenhäuser in Afghanistan, in denen Frauen behandelt werden. Aus diesem Grund ist die Müttersterblichkeit die höchste der Welt.

Es gibt auch überaus mutige Afghaninnen, die sich gegen diese totale Unterdrückung wehren und in der westlichen Welt für ihre Menschenrechte eintreten. Auch wagen es manche Lehrerinnen, heimlich und unter größten Vorsichtsmaßnahmen, Kinder (vor allem Mädchen) zu unterrichten. Bei einer Analphabetenquote von rund 70 Prozent (sogar 90 Prozent bei den Frauen) ist dies aber nur der sprichwörtliche Tropfen auf den heißen Stein.

Der Reiz, mit Vertreterinnen der versteckten Hälfte der Bevölkerung zu sprechen, ist für mich während der gesamten Reise sehr groß. Doch das ist von den Taliban strengstens verboten.

Ein fremder Mann darf nicht mit einer Frau sprechen. Schon ein Blick kann tödlich sein - für beide.

Mutter mit ihren Kindern

Ständig lauert die Gefahr

Die Taliban werden vor allem von Scheich Osama Bin Laden, einem international gesuchten Terroristen, finanziell unterstützt. Bin Laden verdient in Saudi-Arabien mit Drogenhandel und Erdölgeschäften Millionen von US-Dollar. Zusätzlich gibt es für die Taliban auch von Pakistan ständig Waffenlieferungen. Doch immer wieder versuchen sie auch, durch Entführungen ihre finanzielle Situation zu verbessern.

Das ist eine Gefahr, der ich auf meinem Afghanistan-Trip ständig ausgesetzt bin. Wenn Taliban in meiner Nähe sind, taucht in mir oft die ungewisse Frage auf: "Wenn sie jetzt auf die Idee kommen, dass ich ihnen gutes Geld bringen kann, können sie mich einfach irgendwo einsperren und Lösegeld verlangen."

Relativ oft habe ich das Gefühl, dass die Falle jederzeit zuschnappen kann. Mir war das beim Antritt meiner Reise zwar bewusst, doch ich konnte dem Abenteuer Afghanistan trotzdem nicht widerstehen.

Daher versuche ich, mich selbst zu beruhigen: "Es wird schon nichts passieren, weil einfach nichts passieren darf!"

Osama Bin Laden

Ehrliche Gastfreundschaft

Trotz der jahrzehntelangen Hölle, die die Afghanen durchgemacht haben, sind sie ausnehmend nette und aufrechte Menschen geblieben. Das liegt meiner Meinung nach jedoch nicht an den abschreckenden, strengen Gesetzen.

Vielmehr verfügen die Menschen über einen angeborenen Stolz, der sie trotz großer Armut nicht auf die Idee kommen lässt, jemanden auszurauben. Das ungeschriebene Gesetz der Gastfreundschaft hat bei ihnen einen sehr hohen Stellenwert: "Der Gast ist Kaiser!" Auch wenn sie selbst am Hungertuch nagen, für einen Gast gibt es bei den Afghanen immer ein Stück Brot und einen Tee.

Als ich einmal im Freien auf einem Dach inmitten von einem Dutzend Männern mein Nachtlager aufschlage, verspüre ich keinerlei Angst, dass jemand meinen Rucksack stehlen könnte. Obwohl ich mit den Kameras und dem Bargeld für afghanische Verhältnisse ein Vermögen besitze, bin ich mir sicher, nicht beraubt zu werden.

Es versucht auf meiner ganzen Reise auch keiner, mich zu betrügen oder zu übervorteilen - im Gegenteil: Der Kamerabesitzer macht das Foto für mich billiger, der Taxifahrer verlangt denselben Fahrpreis wie bei Einheimischen. Jeder Mann dieses stolzen Volkes freut sich, wenn er die Ehre hat, mit mir ein Geschäft zu machen oder mich bewirten zu dürfen.

Freundliche, neugierige Blicke

Bei den Taliban-Polizeiinspektoren

Die beiden Polizeiinspektoren von Shindand haben es zu einem gewissen Wohlstand gebracht. Man kann dies an ihren Körperrundungen und dem Blumengarten erkennen, in den sie mich einladen. Mit Händen und Füßen erzählen wir uns gegenseitig von unserem Nachwuchs. Einer der beiden hat bereits zwölf Buben, der andere zwölf Mädchen. Und beide wollen so lange weitermachen, bis sie endlich Vater eines Kindes des anderen Geschlechts würden.

Damit ich eine "ausreichende" Gesprächsbasis mit den beiden habe, behaupte ich sicherheitshalber, dass ich Vater von zehn Kindern sei (was natürlich nicht stimmt...). Die beiden Herren erklären mir, dass es eigentlich Vorschrift ist, einen Turban zu tragen und zeigen mir, wie man diesen bindet. Möglicherweise wäre es vernünftiger, mich an die Bekleidungsvorschriften zu halten.

Trotzdem entscheide ich mich, auch weiterhin ohne Kopfbedeckung unterwegs zu sein, da ich die Erfahrung gemacht habe, dass dies bei Ausländern akzeptiert wird. Wir drei verbringen einen gemütlichen Nachmittag mit viel Spaß. Die Taliban mögen gefährlich und grausam sein, über die "normalen" Afghanen würde ich jedoch niemals ein schlechtes Wort verlieren. Ich schätze sie sehr und habe großen Respekt davor, wie bewundernswert mutig und gut sie ihre harten Lebensumstände bewältigen.

Mit dem Turban zwischen zwei Gesetzeshütern

Spiel mit Leben und Tod

Eine Unterhaltung mit den Taliban in der Nähe von Farah beginnt grundsätzlich ganz nett. Sie kontrollieren meine Papiere, stufen mich als "legal" ein und wir trinken gemeinsam Tee. Mit Hilfe von Mimik und Gestik verständigen wir uns.

Plötzlich findet es einer der Männer mit einer Pistole besonders lustig, mir zu zeigen, dass er es genießt, Gewalt über Leben und Tod zu haben. Lachend fuchtelt er mit seiner Waffe herum. Das ist nicht angenehm, doch es kommt noch schlimmer: Plötzlich setzt er sie mir - wahrscheinlich zum Spaß - an die Schläfe. Ich spüre den kalten Stahl seitlich hinter meinem Auge und erstarre innerlich. "Jetzt ist es aus!", ist mein erster Gedanke. Ich bemühe mich jedoch, nach außen keine Furcht zu zeigen. Also grinse ich, als würde ich wissen, dass er ohnehin nicht abdrückt.

Mein Verhalten ist anscheinend richtig, er entfernt die Pistole von meinem Kopf und richtet sie gegen die Wand. Ohne mit der Wimper zu zucken, drückt er ab und feuert drauflos. Dann lacht er hämisch, weil er mich in Angst und Schrecken versetzt hat. Ich lache zurück, als wäre nichts geschehen. Als ich an diesem Abend auf der Matte in meinem Quartier liege, realisiere ich erst richtig, wie knapp ich dem Tod entronnen bin.

Gefährliche Situation

Fotografieren in Afghanistan

Ich treffe einen afghanischen Fotografen, der sich sehr darüber freut, mich fotografieren zu dürfen. Das Bild ist schwarz-weiß und ziemlich verschwommen. Ich bin darauf kaum erkennbar, bedanke mich aber trotzdem inständig. Es ist schon eine Besonderheit, in diesem Land eine Kamera zu besitzen. Meist sind es uralte und primitive Kästen, die zum Fotografieren eingesetzt werden. So errege ich mit meinem Fotowerkzeug mitteleuropäischen Standards immer wieder großes Aufsehen. Sämtliche männliche Personen wollen von mir aufgenommen werden.

Dass es die Frauen auch gewollt hätten, wenn es ihnen erlaubt wäre, wage ich anzunehmen. Männer jeden Alters drängen sich auf meine Fotos, winken, lachen und werfen sich in Pose. Selbst die Taliban genießen es sehr, mit ihren Waffen von mir auf Celluloid gebannt zu werden, um so ihre Wichtigkeit zu unterstreichen.

Auf meiner ganzen Reise durch Afghanistan gelingen mir nur drei Fotos von Frauen! Warum so wenige? Erstens bekommt man hier äußerst selten eine Frau zu sehen. Wenn dies der Fall ist, dann sind sie von Kopf bis Fuß eingehüllt in einen Tschadri (langer, wallender Schleier mit Fliegengitter zum Durchschauen). Und zweitens ist es strengstens verboten, die völlig vermummten Frauen zu fotografieren.

Ich wage es trotzdem. Eine Fotoserie über ein Land ohne ein einziges Bild einer Frau ist einfach nicht vollständig. Eines Morgens höre ich in meinem Quartier in Kandahar leise weibliche Stimmen von der Straße heraufklingen. Vorsichtig nehme ich einen Ziegel aus der Mauer und schiebe mein Teleobjektiv durch den Spalt. Ich visiere die drei vermummten Gestalten sorgfältig an, drücke ab - und habe sie im Kasten.

Hätte mich jemand dabei erwischt, hätte ich dieses Buch nie schreiben können: Ich wäre für diese Straftat von den Taliban aller Wahrscheinlichkeit nach exekutiert worden.

Kamera wie vor 100 Jahren

Stolzer Fotograf

Verbotenes Foto

Ein fast verhängnisvolles Foto

Grundsätzlich haben die Taliban nichts gegen meine fotografische Tätigkeit und lassen sich immer wieder gerne von mir ablichten. Doch eines Tages gerate ich beim Fotografieren in eine ziemlich brenzlige Situation. Bei einem Kontrollpunkt nahe Herat unterhalte ich mich vorerst ganz nett mit ein paar Milizsoldaten. Stolz posieren sie für ein Foto auf einem ihrer Panzer.

Plötzlich jedoch fällt einem Kommandanten ein, dass Aufnahmen wie diese auf keinen Fall gemacht werden dürfen. Blitzschnell schlägt die gute Stimmung um und er verlangt sofort die Herausgabe einer meiner Kameras. Kaum hat er sie in seinen Händen, wirft er sie auch schon zu Boden und zerschießt sie mit einem Maschinengewehr in tausende Teile. Dann befiehlt er mir zu gehen. Langsam drehe ich mich um und mir wird ganz flau im Magen: "Wird er mir nachschießen? Macht er es mit mir genauso wie mit meiner Kamera?" Bange Fragen beschäftigen mich, während ich mich Schritt für Schritt entferne. Der Schweiß bricht mir aus allen Poren, mein Herz klopft bis zum Hals herauf, mein Mund ist staubtrocken.

Die Anspannung ist enorm, ich hole tief Luft und bemühe mich, möglichst ruhig zu bleiben. "Was macht der Mann mit der Kalaschnikow hinter mir? Zielt er bereits auf mich, hat er mich schon im Visier? Jetzt - oder - jetzt?" Die Zeit, bis ich aus der Schusslinie bin, erscheint mir endlos lang. Es fällt mir ein großer Stein vom Herzen, als ich endlich zwischen den Häusern des Dorfes und damit außer Gefahr bin.

Bis heute weiß ich nicht genau, was passiert wäre, wenn ich zu rennen begonnen hätte. Wahrscheinlich will ich es auch gar nicht wissen...

Inmitten der Taliban-Kämpfer nahe Farah

Geschlossene Schulen, arbeitslose Professoren

Bei der Machtübernahme durch die Taliban wurden die meisten Universitäten und Schulen in Afghanistan geschlossen. Seit damals ist auch den Mädchen der Schulunterricht untersagt.

Universitätsprofessoren und Lehrer stehen nun buchstäblich auf der Straße. Sie müssen sich ihren Lebensunterhalt mühevoll mit dem Aufsetzen von Schriftstücken verdienen. Immer wieder bekommen sie Aufträge von den vielen Analphabeten, die den Großteil der Bevölkerung ausmachen. Doch das Geld, das sie damit verdienen, reicht mehr schlecht als recht zum Überleben.

Manche Lehrer unterrichten Erwachsene im Lesen, Schreiben und Rechnen. Sie wissen, dass es für die Menschen in ihrem Land unbedingt notwendig ist, zu lernen. Wie soll sich ihr Staat denn sonst in unserer modernen Welt finanziell, juristisch und wirtschaftlich behaupten können? Auch die UNO bemüht sich, gebildeteren Menschen Englisch beizubringen, damit der Anschluss zur übrigen Welt nicht komplett verloren geht.

Doch Bildung ist und bleibt in Afghanistan ein äußerst schwieriges Unterfangen. Es gibt hier keine Bücher, kaum Papier, von Computern ganz zu schweigen...

Professoren auf der Straße

Offiziell verboten - auch Mädchen beim Unterricht

Englisch-Unterricht für Erwachsene

Afghanische Nächte

Es soll ja Völker geben, bei denen man ein nettes Mädchen oder gar die Ehefrau des Gastgebers als Begleitung für die Nacht bekommt. In das Gesamtbild eines kargen und unerbittlichen Landes passt irgendwie auch meine "Königin der Nacht": eine 10 cm große Spinne. Ihr "Kuss" ist nicht besonders erfreulich, er verursacht eine Beule, die ich tagelang schmerzhaft spüre.

Nur selten bekomme ich auf meiner Reise ein Bett zum Schlafen, meistens verbringe ich die Nacht auf einer Matte am harten Boden. Das hat den Nachteil, dass die Ratten, die recht zahlreich und bis zu 30 cm groß sind, einfach über mich hinweg laufen können. Da ich das jedoch schon auf meinen früheren Reisen mehrfach erlebt habe, stört es mich nicht besonders. Weitere erwähnenswerte Zimmergenossen sind Geckos und kleine Eidechsen, die an den Wänden herumlaufen.

Manchmal teile ich mir den Schlafraum mit anderen Reisenden aus Afghanistan oder Pakistan. Meist sind es Kaufleute oder LKW-Fahrer, die unterwegs sind. In Laskar Gah habe ich beinahe eine ganze Horde Neugieriger in meinem Zimmer. Das verhindern die Taliban gerade noch, indem sie ein Gitter aufstellen, das die aufdringliche Menge wegsperrt.

Bei dieser Gelegenheit muss ich den Taliban auch positive Eigenschaften zugestehen. Wenn man ihnen unverdächtig erscheint, wird man grundsätzlich gut von ihnen behandelt. Sie sorgen in ihrer Art und Weise für Sicherheit und plündern nicht.

Spinne im „Hotelzimmer"

Primitive Unterkunft als Hotel

Neugierige Menge

Wasser und Eis

Ich habe in manchen Ländern schon Wasser getrunken, das aufgrund seiner Verschmutzung wie Kaffee aussah.

Eigentlich sollte man auf Reisen, wie ich sie unternehme, immer Desinfektionstabletten mitnehmen. Doch irgendwie habe ich sie dieses Mal beim Einpacken wohl vergessen. In Afghanistan kommt das Wasser entweder über unterirdische Bewässerungskanäle aus dem Gebirge oder aus jahrhundertealten Grundwasserreservoirs. Beides ist von ausgezeichneter Qualität. Da es in diesem Land kaum Strom gibt, können keine Kühlschränke betrieben werden. Deswegen ist Eis besonders wichtig für die Kühlung von Lebensmitteln.

Mit Generatoren in Eisfabriken werden große Eisblöcke erzeugt. Diese liefern Eisverkäufer an Gasthäuser, Fleischhauer oder bessergestellte Privathaushalte.

Mit riesigen Eisblöcken ziehen sie durch die brennend heiße Wüste Afghanistans - aus der Sicht eines Mitteleuropäers ein äußerst kurioser Anblick.

Eistransport

Gemüse und Getreide von Minenfeldern

Die afghanische Bevölkerung kämpft gegen das Verhungern. So gibt es auch für mich auf meiner Reise nicht allzuviel zu essen. Auf meinem Speisezettel steht all das, was die Einheimischen auch essen, weshalb ich relativ rasch einige Kilos verliere. Als traditionelle Grundnahrungsmittel lerne ich Weizen, Gerste, Bohnen, Hirse und Mais in verschiedenen Variationen kennen. Dazu kommt Obst (vor allem Weintrauben und Melonen) und frisches Gemüse wie Zwiebel, Tomaten, Karotten, Kürbis oder Salat.

Auf dem steinigen, trockenen Boden gedeiht eben nicht allzu viel. Verschärft wird die Lage dadurch, dass viele Bauern vor dem Krieg geflüchtet sind. Ihre Felder liegen jetzt brach oder sind aufgrund von Minen nicht bearbeitbar.

Die Bewirtschaftung der Felder erfordert einen streng geregelten Umgang mit dem kostbaren Wasser, das durch gekonnt angelegte unterirdische Systeme transportiert wird. Es gibt kaum landwirtschaftliche Maschinen, für die Feldarbeit werden lediglich primitive Werkzeuge eingesetzt.

Ich betrachte es schon in Friedenszeiten als eine große Kunst, einem kargen Land wie diesem das Notwendigste zum Überleben abzutrotzen. Um wieviel schwieriger muss es wohl jetzt sein. Jeder Schritt auf dem eigenen Grund und Boden ist für die Bauern mit hohem Risiko verbunden, die Lebensgefahr durch Minen ist allgegenwärtig.

Kinder vor ihrem Verkaufsstand

Mit Haut und Knochen

Der Viehbestand wurde infolge von Krieg und Minen stark dezimiert, es herrscht ein permanenter Engpass an Lebensmitteln. Den Afghanen bleibt daher gar nichts anderes übrig, als ihre Schlachttiere (Ziegen, Schafe oder Kamele) mit Haut und Knochen zu verwerten.

Es werden die Gedärme und der Magen ebenso gegessen wie die Haut und das Knochenmark. Auch ich kann hier keine Ausnahme machen und passe mich den Gewohnheiten der Einheimischen an. "Wenigstens wird nichts verschwendet, wie dies in meiner Heimat oft in erschreckendem Ausmaß der Fall ist", versuche ich das Positive in der Situation zu sehen.

Durch die ständig hohen Temperaturen entwickelt das Fleisch eine eigene Würze, zu der die zahlreichen Fliegen noch das ihre beitragen. Geschmacklich kann man sich an einiges gewöhnen, stets achte ich jedoch darauf, nur frische Ware zu mir zu nehmen.

Afghanische Metzgerei

Das tägliche Brot

"Nan", das afghanische Fladenbrot, wird von der Bevölkerung, die es sich leisten kann, täglich zu allen Mahlzeiten gegessen. Heiß und resch holen es die Bäcker aus dem "Backofen", einem Ofenloch im Boden, mit Zangen heraus. Nachdem es an Ort und Stelle verkauft wird, bringen es die Menschen rasch nach Hause, denn frisch und warm schmeckt es am besten.

Weil Weizenmehl knapp und teuer ist, wird zur Brotherstellung auch billigeres Maismehl beigemischt. Dieses macht das Brot jedoch ziemlich bröckelig. "Nan" ist nicht für die gesamte Bevölkerung selbstverständlich: Viele Kriegswitwen und -waisen müssen um ihr tägliches Brot betteln. Der Krieg und die teilweise menschenverachtenden Gesetze der Taliban haben ihnen jegliche Verdienstmöglichkeit genommen.

Manchmal besuche ich auf meiner Reise auch "Kaffeehäuser", um Tee zu trinken. Dies ist oft eine langwierige Zeremonie, die sich über einen Zeitraum von bis zu drei Stunden erstrecken kann. Die erste Bekanntschaft mit dieser afghanischen Eigenart mache ich bereits bei der Einreise, als ich mit den Zöllnern stundenlang Tee trinke.

Dass in der Zwischenzeit in meinem Taxi zwölf Leute auf mich warten, stört die Grenzpolizisten keineswegs. Aber auch den Wartenden scheint die Verzögerung ganz und gar nichts auszumachen.

Sie erwecken den Anschein, als hätten sie alle Zeit dieser Welt.

Beim Brotbacken

Kampf ums Überleben

Jeder Einzelne führt in diesem verwüsteten Land einen täglichen Kampf ums Überleben. Leben in Afghanistan bedeutet eine schwierige Kombination aus drückender Armut, Krieg und Kriegsfolgen, Kargheit und permanenter Verstöße gegen die Menschenrechte.

Die Frauen sticken versteckt in ihren Häusern oder fertigen andere Handarbeiten an, die sie an Händler verkaufen. Die Männer sind zu rund 70 Prozent Bauern, der Rest ist hauptsächlich als Handwerker oder Kaufmann tätig. Aber auch Kinder betreiben häufig ihr "eigenes Geschäft", mit dem sie versuchen, ein paar Afghani zu verdienen. Die einen verkaufen Getränke (manchmal Limonade, meist Wasser), andere wiederum bieten Süßigkeiten und Eis an. Wer sogar einen Handwagen besitzt, nimmt Aufträge für kleine Transporte entgegen.

Ich bewundere, dass die meisten Menschen in Afghanistan trotz allen Elends und aller Widrigkeiten kaum Anzeichen von Resignation zeigen. Was ich allerdings über das Leben der Frauen in Erfahrung bringen kann, stimmt mich sehr traurig.

Viele von ihnen verzweifeln an ihrem grausamen Schicksal. Oft sind sie der täglichen Angst vor schwersten Bestrafungen nicht mehr gewachsen und wählen als vermeintlich einzigen Ausweg aus diesen menschenunwürdigen Lebensumständen den Freitod.

Gebrauchte Kleidung

Bekleidungsgeschäft

Eisverkäufer

Transportdienst

Katastrophale medizinische Versorgung

Auf 10.000 Einwohner kommt in Afghanistan nur ein einziger Arzt. Die medizinische Versorgung ist somit eine der schlechtesten, die es weltweit gibt. Als Rettungsfahrzeuge setzen die Afghanen Fuhrwerke jeglicher Art ein: Handkarren, Schubkarren, Pferdekarren, Lastautos oder Bustaxis.

Verletzte oder Kranke werden oft regelrecht in diese Fuhrwerke hineingepfercht und danach stundenlang auf holpriger Sandpiste durch die Hitze transportiert. In den wenigen Krankenhäusern gibt es kaum Betten, die meisten Patienten liegen am Boden. Es fehlt an Bettwäsche und an den notwendigsten Pflegemitteln, aber auch an brauchbaren Medikamenten. Zwar sind oft große Mengen von Tabletten und Kapseln vorhanden. Dabei handelt es sich jedoch meist um längst abgelaufene Medikamente aus Europa und den USA, von denen die Einheimischen nicht wissen, wofür sie einzusetzen sind. Kaum jemand ist in der Lage, die Beipackzettel zu lesen.

Als mich ein Mediziner um meine Mithilfe bittet, versuche ich - so gut ich eben kann - den Verwendungszweck verschiedener Medikamente zu übersetzen. Bei meiner Tätigkeit als Dolmetsch muss ich versuchen, mich mit Händen und Füßen, mit Mimik und Gestik verständlich zu machen. Also greife ich für den Begriff "Kopfweh" mit schmerzverzerrtem Gesicht an den Kopf, für "Durchfall" gestikuliere ich wild auf meinem Bauch herum. Für "Lungenentzündung" huste ich so laut ich kann, für "Zahnweh" halte ich mir die Wange. In dieser Tonart geht es auch bei der Erklärung anderer Krankheiten weiter.

Einmal muss ich miterleben, wie ein ungefähr 15jähriger Junge bei der Einlieferung ins Krankenhaus stirbt. Er ist von einer Giftschlange gebissen worden. Sein Vater legt ihn auf die Ladefläche eines Jeeps, auf der auch ich hocke. Das dick rotblau angeschwollene Bein bereitet ihm solche Schmerzen, dass er immer wieder laut aufschreit, und gleich darauf wieder sein Bewusstsein verliert. Das Leiden des Jungen ist schrecklich anzusehen, bedauerlicherweise kann ich ihm nicht helfen.

Nach stundenlanger Fahrt kommen wir endlich im Krankenhaus an - doch es ist leider zu spät für ihn. Er stirbt, sein Vater verliert mit ihm seinen letzten Sohn. Die drei älteren Brüder sind im Krieg gefallen.

Erschöpftes Pferd nach Krankentransport

Apotheke mit Medikamenten aus Hilfslieferungen

Zahnambulanz

Durchschnittsgeschwindigkeit 20 km/h

Eine Strecke von mehr als 150 Kilometern pro Tag ist in Afghanistan kaum zu schaffen. Dafür muss man mit dem Auto schon 8 bis 10 Stunden unterwegs sein.

Auf den holprigen Sandstraßen oder den stark beschädigten Asphaltpisten kommt es immer wieder zu Verzögerungen. Entweder ist der Belag mit Löchern übersät oder es muss langsam und vorsichtig ein Fluss durchquert werden, der keine Brücke hat. Manchmal bleiben wir auch einfach im Sand stecken und es heißt: "Alles aussteigen und anschieben!" Oft haben wir Reifenschaden, der nicht einfach durch den Einsatz eines Reserverades behoben werden kann.

Kein einziges Mal bin ich mit einem Fahrzeug unterwegs, das ein solches mit dabei hat. Der defekte Reifen muss also vor Ort repariert werden.

Teilweise ist der Zustand der Straße so desolat, dass aufgrund der Löcher die Gefahr eines Achsbruches besteht. Es fehlt für die Sanierung der Straßen jedoch das Geld. Als selbst ernannte "Straßensanierer" stehen immer wieder Kinder mit Schaufeln neben der Straße, die beim Vorbeifahren eines Fahrzeuges die Schlaglöcher mit Sand auffüllen. Dafür werfen ihnen die Reisenden Geldscheine zu.

Mit diesen Einnahmen bessern die Kinder das Familieneinkommen ein wenig auf und leisten ihren Beitrag zum Überleben.

Junge Straßenarbeiter

Reifendefekt

Zerstörte Straßen

Keine Brücken

Erlebnis Straße

Die Lastautos, mit denen normalerweise Vieh transportiert wird, befinden sich im Kriegseinsatz. Durch die vielen Entbehrungen sind die Menschen hier gewohnt, improvisieren zu müssen. Daher haben sie kurzerhand aus einem Bus die Sitze ausgebaut und ihn so zum Schaftransporter umfunktioniert.

Auf diese Weise entsteht die kuriose Situation, dass Schafe im Luxusbus reisen. Ich bin meist in bescheideneren Fahrzeugen unterwegs. Oft sitze ich eingezwängt mit noch zehn bis zwölf anderen Reisenden in einem PKW oder auf dem Dach eines Busses, manchmal auch auf der Ladefläche eines Lastwagens.

Da kommt es mir sehr gelegen, wenn wir ab und zu eine Pannenpause einlegen. Wir bleiben auch zu den Gebetszeiten immer stehen, manchmal auch, wenn Kinder am Straßenrand Wasser anbieten. Die Tankstellen in Afghanistan sind zum Großteil zerstört.

Ein paar zerbeulte Fässer und ein Schlauch - das sind alle Bestandteile, die zur Treibstoffversorgung dienen.

Treibstofflager

Kinder als Wasserverkäufer

Tankstelle

Schaftransport im Bus

Ausrangierte Gebrauchtwagen

Als ich einen Lastwagen mit der Aufschrift "Josef Koch, Schärding" entdecke, traue ich meinen Augen kaum! Mir ist es ein Rätsel, wie dieses Fahrzeug von Österreich in den hintersten Hindukusch gelangt ist? Leider kann ich die beiden Fahrer nicht danach fragen, weil es mir nicht gelingt, die Frage in Zeichensprache zu übersetzen. Doch später gehe ich in meiner Heimat den Zusammenhängen nach: In einem Telefonat mit dem Unternehmer erfahre ich, dass dieser den Wagen in Salzburg an einen Schrotthändler verkauft hat. Von dort aus haben ihn türkische Zwischenhändler nach Afghanistan exportiert. Nach diesen Umwegen kommt das ausrangierte Vehikel noch einige Jahre oder Jahrzehnte zum Einsatz. Auch alte Busse aus Deutschland entdecke ich auf meiner Reise.

In Mitteleuropa haben sie alle keine Fahrgenehmigung mehr erhalten, in Afghanistan erfüllen sie noch viele Jahre ihren Zweck. Die meisten Autos, die ich sehe, würden bei uns mit Sicherheit kein "Pickerl" mehr bekommen. Sie fahren eben gerade noch. Wenn der Motor defekt ist, wird ein wenig geschraubt oder ein Ersatzteil selbst angefertigt, danach läuft er wieder eine Weile. Die Afghanen sind wirklich gut im Improvisieren.

Gebrauchte Transportfahrzeuge aus Österreich

Wiederaufbau

Irgendwie habe ich den Eindruck, dass Afghanistan von der restlichen Welt vergessen wurde. Die Schäden in Kuwait nach dem Golfkrieg wurden umgehend behoben, der Wiederaufbau ging dort sehr schnell vonstatten. Kuwait unterscheidet von Afghanistan jedoch etwas Wesentliches: Dort gibt es große Erdölvorkommen, während in Afghanistan nur eine nicht nennenswerte Menge lukrativer Bodenschätze existiert.

Das Land ist für die vermögenden Staaten unserer Erde nur wenig interessant. Daher hält sich auch ihr Engagement für Afghanistan in engen Grenzen. Bitter ist das vor allem für jene Menschen, die im Land bleiben müssen.

Sie möchten gerne ihre Heimat wieder aufbauen, haben jedoch weder das dafür nötige Geld noch Maschinen, Strom oder andere wichtige Hilfsmittel. Die Perspektiven sind also ziemlich trostlos, im Land bleiben die Ärmsten - wer kann, flieht.

Doch um flüchten zu können, muss man schon zu den Wohlhabenderen gehören. Nur diese können Fluchthelfer bezahlen und sich ins Ausland absetzen.

Esel als Transporttier

Kuppelförmiges Wohnhaus

Brennholz wird mit Steinen gewogen

Grenzerlebnis

Nach 3 Wochen in Afghanistan will ich an die iranische Grenze. Ein Auto ist im Grenzgebiet nicht zu bekommen, daher heuere ich einen Motorradfahrer an. Er ist ein freundlicher Mann und gehört zu den Wohlhabenderen dieser Gegend.

Nach einigen Kilometern Fahrt auf staubiger und steiniger Straße, bei der uns kein einziges Fahrzeug begegnet, überholt uns ein verbeulter Lastwagen - beladen mit einer brisanten Fracht: Taliban-Milizen! Sie halten an und zwingen meinen Fahrer, das gleiche zu tun.

Ich denke mir: "Jetzt heißt es Ruhe bewahren und freundlich sein! Man weiß nie, wie diese fanatisch-religiösen Krieger gerade aufgelegt sind." Deshalb winke ich ihnen lächelnd zu und zeige ihnen meine Kamera. Damit gebe ich ihnen zu verstehen, dass ich sie fotografieren möchte. Diese Geste hat sich schon mehrfach bezahlt gemacht und es ist mir so schon öfters gelungen, Misstrauen in Wohlwollen zu verwandeln.

Trotz meiner Bemühungen hellen sich ihre Mienen jedoch nicht auf. Sie halten weiterhin ihre Kalaschnikows entschlossen auf uns gerichtet. Mir gefällt die Situation ganz und gar nicht mehr, da feuern sie auch schon. Mit völlig ausdruckslosem Gesicht schießen sie über unsere Köpfe hinweg. Hinter uns spritzt der Wüstensand auf, dort wo die Gewehrkugeln einschlagen. Obwohl mir dabei die Knie zittern, versuche ich, meine Angst zu unterdrücken. Die Taliban schicken den Motorradfahrer weg und ich bin allein mit diesen unberechenbaren, grimmigen Gestalten.

Meine Gedanken sind: "Vielleicht hat jeder von ihnen schon 20, 50 oder 200 Menschen umgebracht. Menschen, die kein Unrecht begangen haben, Menschen, die ihnen einfach über den Weg gelaufen sind, Menschen, die ihnen nicht zu Gesicht gestanden sind - ohne Vorwarnung, ohne Grund, ohne mit der Wimper zu zucken. Hoffentlich bin ich nicht der nächste."

Unterwegs Richtung Grenze Afghanistan - Iran

Der Anführer mit langem Bart deutet mir, dass ich aufsteigen und mich am Boden der Ladefläche hinsetzen soll. Drei von ihnen steigen vorne ein, die anderen sitzen auf den Bänken neben mir. Zwischen den Gewehrkolben hockend schätze ich meine Lage nicht gerade rosig ein. "Was haben sie jetzt mit mir vor? Mich einsperren oder irgendwo an die Wand stellen, oder mich laufen lassen, um mir dann wie einem Hasen nachzuschießen?" Ich denke aber nicht besonders lange nach, sondern versuche, gute Miene zum bösen Spiel zu machen.

Nach einigen Kilometern biegen wir von der Hauptstraße ab und bleiben vor einer Gruppe verfallener Steinhäuser stehen. Als ich aufblicke, kann ich am Horizont die Grenzstation sehen, aber : "Werde ich dort jemals hinkommen?" Die Taliban wollen nun, dass ich vom Lastwagen abspringe und zu einem der Steinhäuser gehe.

"Schießen sie mir nach? Wenn sie das tun, bin ich für immer verschollen in Afghanistan?" Bei jedem Schritt ist dieser Gedanke in meinem Kopf allgegenwärtig. Aber die Kalaschnikows der Taliban bleiben stumm. Nur die Patronengurte rasseln, als die Taliban abspringen und mir zu der Hütte folgen.

Beim Betreten der Steinhütte werde ich innerlich ein bisschen lockerer. Auch die Gesichter meiner Begleiter entspannen sich. Sie stellen ihre Gewehre an die Wand und machen es sich bequem. Der Jüngere, der zuerst noch die Panzerfaust im Anschlag hatte, kocht jetzt auf einem gemauerten Herd in der Ecke des Zimmers Tee. Als er mir eine Tasse davon gibt, weiß ich, dass die Gefahr vorüber ist.

Ich lache erleichtert, was den Taliban offensichtlich gefällt, denn sie lachen auch. Dann trinken wir gemeinsam Tee. Etwas später bringen sie mich zur Grenzstation, wo mich die iranischen Beamten ganz verwundert ansehen.

Es dürfte wohl noch selten einer wie ich über diese Grenze gekommen sein.....

Waffenlager der Taliban

Zukunft?

Da der Krieg in Afghanistan nun schon über 20 Jahre dauert, gibt es eine ganze Generation, die nur Angst, Aggression und Zerstörung kennt. Diese Kinder und Jugendlichen haben Verletzte, Tote und Verstümmelte gesehen, viele ihrer Verwandten und Freunde sind gestorben, sie haben ihr Zuhause verloren und nie ein geordnetes Leben in Frieden kennengelernt.

Außerdem sind viele junge Männer von der Idee der Taliban begeistert. Sie lieben Panzer, Gewehre, Granaten und die Macht, über die sie durch die Waffen verfügen: Macht über Leben und Tod. Werden sie jemals ein friedliches Leben führen können? Werden sie ein solches überhaupt anstreben?

Ich habe aber auch von Menschen in Afghanistan gehört, die irgendwo warten, dass sie ihr Wissen als Juristen, Ärzte oder Wissenschafter wieder einsetzen können. Sie warten, dass der fanatische Wahnsinn in ihrem Land ein Ende hat und irgendwann wieder Ruhe und Frieden einkehrt.

Damit dies bald geschehen kann, setzen sich verschiedene westliche Organisationen gegen das Terrorregime der Taliban ein.

Junger Afghane auf Panzer

Warum?

Auf hartem, windgepresstem Sand stehe ich da. Durch die Sohlen meiner Turnschuhe spüre ich vereinzelt pfirsichkerngroße Schottersteine.

Ich stehe, aber vor mir liegen Hunderte in ihren Gräbern, über denen Hügel aus faust- bis kopfgroßen Steinen aufgeschichtet sind. Manche Steinhaufen sind schmal und kurz, manche ein wenig länger. Die Schatten der untergehenden Sonne erstrecken sich von einem Grab zum nächsten und dessen Schatten wiederum zum nächsten, immer wieder: Grab, Schatten, Grab, Schatten und so weiter.

Beinahe sieht es so aus, als würden sie die ganze Welt bedecken. Sie decken die Welt derer zu, die unter ihnen liegen. Irgendwer hat noch die Gräber aufgeschichtet, hat große runde Steine, die mich an die Turbane der Männer erinnern, in einer Reihe darauf gelegt. Oder einen rechteckigen Block hergeschleppt und auf das Grab gestellt, wie die Umrisse verhüllter Frauengestalten. Auf einer krummen Stange, wie ein Gruß aus einer anderen Welt, hängt ein Stück Stoff, der im Wind zu mir herüberwinkt.

Ich frage mich: "Warum gibt es keine Gerechtigkeit auf dieser Welt?" Manche Menschen leben in totalem Luxus, wissen gar nicht, wie sie ihr Geld ausgeben sollen, werden bei bester Gesundheit 80 oder 90 Jahre alt, versorgt von einem aufwändigen Gesundheitssystem. In Afghanistan wird kaum jemand über 40 und jeder Tag ist ein beinharter Kampf ums Überleben. Und oft genug wird dieser harte Kampf verloren. Die Körper der Kinder werden von Minen zerfetzt, ihre Seelen von erschütternden Erlebnissen, Frauen werden wie Untermenschen behandelt, das ganze Volk grausam unterdrückt.

WARUM?

Es gibt keine Antwort!

Gräber in der Wüste

Gefährlicher Irrtum im Iran

Geschafft! Endlich habe ich die Grenze überquert und das gefährliche Abenteuer Afghanistan heil überstanden!

Meine ersten Eindrücke vom Iran sind, nach allem, was ich gesehen habe, äußerst positiv. "Gott sei Dank nicht mehr diese Zerstörung und diese Armut", atme ich auf. Die Straßen sind breit und in gutem Zustand, ähnlich unseren Bundesstraßen, die Häuser sind keine Ruinen, die Frauen müssen sich nicht so extrem verhüllen.

Aber auch der Iran hat in seiner jüngsten Geschichte dunkle Jahre erlebt. Die riesigen Friedhöfe zeugen von den vielen Opfern des Iran-Irak-Konfliktes. Außerdem ist es ein Irrtum, zu glauben, dass eine Reise überstanden ist, bevor man daheim am Küchentisch sitzt. Vom Iran nehme ich an, dass er ein schönes Urlaubsland ist: Freundliche Menschen, wunderschöne Moscheen, interessante alte Städte, jahrtausendealte Ausgrabungsstätten, das riesige vergoldete Grabmal des Ayatollah Khomeini - ich fühle mich eigentlich recht wohl hier.

Doch urplötzlich ist es aus damit. In einer Kleinstadt nahe der türkischen Grenze endet ein harmloser Spaziergang im Gefängnis. Reisepass, Geld und Fotoausrüstung werden mir abgenommen, die Polizisten sperren mich zu fünf Iranern, vier Pakistanis und einem Afghanen in eine Zelle. Hartnäckig werde ich der Spionage verdächtigt, obwohl ich alles unternehme, um in englischer Sprache zu erklären, dass ich nur ein einfacher Tourist bin.
Dann verschärft sich die Situation: Mit Handschellen und verbundenen Augen verlegen mich die Polizisten in eine andere Polizeistation innerhalb der Stadt. Dort muss ich meine Fingerabdrücke abgeben und werde in einen Innenhof geführt. Durch eine kleine Öffnung unter meiner Augenbinde kann ich eine Wand mit Einschusslöchern und eingetrocknetem Blut erkennen.

Mein Körper zittert, ich erlebe ein grauenvolles Wechselspiel zwischen Schüttelfrost und Schweißausbrüchen, als ich an die Todesmauer gestellt werde. Wie ein Film läuft mein Leben im Zeitraffer vor mir ab, ich habe innerlich abgeschlossen. Doch plötzlich gibt es laute Zwischenrufe von einem der Polizisten, die mich vor dem sicher scheinenden Tod retten. Ich werde von der Mauer weggeführt, erhalte meine persönlichen Gegenstände retour und bin wieder frei.

Den 22. September feiere ich seither als meinen zweiten Geburtstag!

Ajatollah Khomeini, Iran

Abschied vom Halbmond

Im Grenzgebiet zwischen dem Iran und der Türkei bekomme ich noch einmal eine beängstigende Menge Militär zu Gesicht. Das hat mit den ständigen Unruhen rund um die Kurden zu tun. Vom Militär habe ich jedoch vorerst einmal mehr als genug.

Ich möchte einen friedlichen Abschluss meiner Asienreise genießen. Aufgrund der extremen Strapazen habe ich rund 15 Kilogramm abgenommen. Jetzt kann ich jedoch aufatmen und es mir gut gehen lassen.

Wie alle anderen Touristen genieße ich den Aufenthalt in der Türkei, den Trubel in den Bazaren, das Baden im Mittelmeer, die üppige türkische Küche und den herrlichen Anblick der Moscheen bei Sonnenuntergang.

Aber ein Umstand unterscheidet mich grundlegend von allen anderen Urlaubern: Ich komme aus dem Osten, dem Herzen des asiatischen Kontinents und aus einem der gefährlichsten, aber auch ärmsten Länder der Welt: Afghanistan! Das macht mich dankbar und stolz. Es ist und bleibt ein unvergesslicher Höhepunkt auf meinen Reisen durch die Länder der Welt. Jeden Tag in diesem Land verbinde ich mit einzigartigen Erlebnissen - eindrucksvoll und schockierend zugleich.

Nun verabschiede ich mich von Asien mit seinen faszinierenden Ländern im Zeichen des Halbmonds. Mit Zug und Bus bin ich unterwegs Richtung Heimat. Nach einer zehnmonatigen Reise möchte ich jetzt endlich wieder heim nach Gosau, endlich wieder den herrlichen Gosausee vor dem Dachstein sehen.

Ich freue mich auf mein Zuhause!

Blaue Moschee in Istambul, Türkei

Helmut Pichler

Helmut Pichler aus Gosau im Salzkammergut ist ein ganz besonderer Mensch. Ein Weltenbummler, Abenteurer und Geschichtenerzähler, der sich nicht einordnen lässt und seinen ganz individuellen Weg beschreitet. Er war schon in mehr als 150 Ländern dieser Erde, wobei ihn ausgetretene Touristenpfade noch nie interessiert haben. Sein extremes Reisemotto lautet: "Ich gehe dorthin, wo sich ein Fremder nur selten oder gar nicht hinwagt."Dschungel, Wüste oder Antarktis hat er ebenso gesehen wie Eingeborenendörfer, in denen er der erste Weiße war oder auch gefährliche Kriegsgebiete. Seine Erlebnisse dabei waren oftmals lebensgefährlich, mehrere Male entrann er nur knapp dem Tod. Obwohl er die meisten Länder der Welt kennt, ist Helmut Pichler ein sehr heimatverbundener Mensch geblieben. Die Beziehung zum Salzkammergut beschreibt er so: "Dahoam is dahoam. Woanders ist es interessant, aber daheim ist es schön. Das ist ein großer Unterschied. Bei der Heimkehr nach jeder Reise ist für mich das Schönste, den Dachstein mit dem Gosausee wieder vor mir zu sehen."

Über seine Reiseabenteuer im Grenzbereich berichtet der Gosauer in Form von "Bildgeschichten". In diesem Metier unterscheidet sich Helmut Pichler ganz grundlegend von Berufskollegen: "Andere mögen High Tech-Diavorträge oder aufwändige Multivisionsshows machen, das ist aber nicht meine Sache. Ich möchte den Menschen einfach von meinen Abenteuern erzählen, sie daran teilhaben lassen. Wahrscheinlich bin ich am ehesten so etwas wie ein moderner Geschichtenerzähler." Ein Diaabend mit dem Gosauer ist ein unvergleichliches Erlebnis: Er erzählt echt, erdig, ehrlich und urig im Dialekt zu qualitativ hochwertigen Bildern von seinen Erlebnissen. Mit einer großen Portion Humor versteht er es auf unvergleichliche Weise, sein Publikum zu fesseln und für kurze Zeit in seine Welt zu entführen. Seine unkonventionelle Vortragsweise brachte ihm im Jahr 2000 die El mundo-Trophäe für das "beste Abenteuer" ein. Diese begehrte Auszeichnung wurde beim „El mundo Abenteuer- und Reise-Diafestival" in Judenburg (Steiermark) vergeben, an dem 15 Vortragende aus dem gesamten deutschen Sprachraum teilnahmen.
Als Kenner Afghanistans wurde er auch mehrmals zu ORF Fernseh- und Radiointerviews eingeladen.

"Afghanistan - Das verbotene Land" ist das erste Buch von Helmut Pichler. Es ist die Geschichte eines extremen Abenteuers in Todesgefahren, bei dem außergewöhnliches Bildmaterial entstand. Die Verbote des radikalislamischen Taliban-Regimes in Afghanistan betreffen auch das Fotografieren, wodurch die Bilder in diesem Buch - sie entstanden oftmals in äußerst gefährlichen Situationen - zusätzlich an Wert gewinnen. "Afghanistan - Das verbotene Land" soll jedoch auch auf die enorm schwierige Situation aufmerksam machen, in der sich die Menschen in diesem Land befinden.